12.735 Euro

Du hast seit Neujahr 12.000 Euro auf der Bank und bekommst sagenhafte 2 % Zinsen dafür. Diese werden jährlich zu Silvester gutgeschrieben.

Wie viel Geld ist nach 3 Jahren ungefähr (auf 5 Euro genau) auf dem Konto?

87!
Man muss vorher die Zahlen auf den Kopf stellen:

91 – 90 – 89 – 88 – 87 – 86

Wie heißt die fehlende Zahl in dieser Reihe?

16 – 06 – 68 – 88 – ? – 98

7, 14, 28 und 56 Leute

In einem Unternehmen arbeiten 105 Angestellte in vier Abteilungen. Zufällig hat jede Abteilung genau doppelt so viele Mitglieder wie die nächstkleinere.

Wie groß sind die vier Abteilungen?

Ulan Bator, Nowosibirsk, Bagdad, Moskau, Tallinn, Stockholm, Kapstadt, Wien, Prag, Neapel, Hamburg, Mailand, London, Bordeaux, New York, Miami, Panama City

(Kapstadt und Stockholm liegen fast auf derselben Länge; dasselbe gilt für Prag und Neapel.)

Ordne diese Städte von Ost nach West, beginnend in Asien:

Bagdad, Bordeaux, Hamburg, Kapstadt, London, Mailand, Miami, Moskau, Neapel, New York, Nowosibirsk, Panama City, Prag, Stockholm, Tallinn, Ulan Bator, Wien

Beispiele:
„Blue Monday“ (New Order), „Ruby Tuesday“ (Rolling Stones), „Aschermittwoch“ (Rio Reiser), „Every Other Thursday“ (Parachute Men), „Friday I’m In Love“ (The Cure), „Another Saturday Night“ (Cat Stevens), „Sunday Morning“ (The Velvet Underground) …

Finde mindestens 5 Songs mit einem Wochentag im Titel (Fremdsprachen erlaubt).

Amsel (Braut), Drossel (Bräutigam), Gänse und „Anten" (Musikanten)

Kuckuck (Hochzeitskleid)

Pfau (Tanz)

Du erinnerst dich an das Kinderlied „Ein Vogel wollte Hochzeit machen“?

Wer waren denn die Braut, der Bräutigam und die Musikanten?

Wer brachte der Braut das Hochzeitskleid?

Und wer machte mit ihr den ersten Tanz?

Leg beide Hände vor dich und hebe gleichzeitig die kleinen Finger, dann die Ringfinger, die Mittelfinger usw.

Wiederhole es mehrfach und steigere das Tempo.

Dann gegenläufig: Kleiner Finger und Daumen, Ring- und Zeigefinger. Oder versetzt: rechter kleiner Finger, dann zugleich der rechte Ringfinger und der linke kleine Finger und so weiter.

Der Italiener begeht keine Straftat, denn er malträtiert das Schmalzgebackene nur mit zwei verstellbaren Schraubenschlüsseln und isst es danach auf.

Ein Italiener geht mit einem Franzosen und einem Engländer auf einen Berliner los. Am Ende tropft eine rote Flüssigkeit auf den Boden, einer der Beteiligten ist spurlos verschwunden und zwei weitere liegen reglos am Boden.

Warum ist es dennoch kein Kriminalfall?

Finde mit möglichst vielen Buchstaben des Alphabets ein Teekesselchen, also ein Wort mit mehreren Bedeutungen wie zum Beispiel „Hahn“.

Der New Yorker Burger ist am günstigsten, er kostet umgerechnet 3,82 Euro, der Londoner 4,06 Euro.

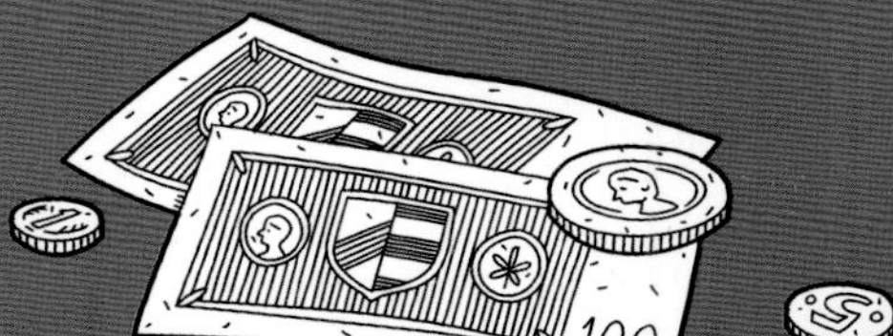

Nehmen wir an, für 100 Euro bekommt man 110 Dollar oder 90 britische Pfund. Wo ist der Big Mac für einen Europäer am günstigsten (ohne Reisespesen):

Für 3,65 Pfund in London,
für 3,95 Euro in Hamburg oder
für 4,20 Dollar in New York?

Sagen wir, du bist um 9:12 Uhr zu Hause losgefahren und hast bis zur aktuellen Uhrzeit 278 Kilometer geschafft:

Wie hoch ist deine durchschnittliche Reisegeschwindigkeit bisher?

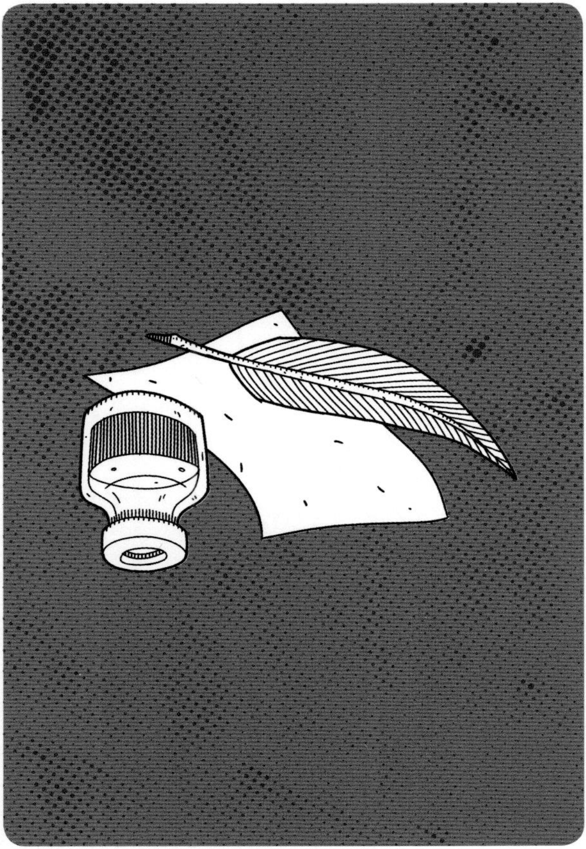

Finde so viele Synonyme wie möglich für „essen“, „trinken“, „sprechen“, „arbeiten“ und „schlafen“.

Gerne auch Wörter aus Fremdsprachen, die du beherrschst.

Ein Schmuckstein („Halbedelstein“) ist nur der Malachit. Der Rest sind zum Teil Mineralien, zum Teil ganz andere Begriffe.

Was ist kein Schmuckstein?

Baryt, Granit, Judit, Konvertit, Malachit, Meteorit, Orbit, Pyrit, Stalaktit

Spotlight 2015, Gladiator 2000, Das Schweigen der Lämmer 1991, Jenseits von Afrika 1985, Der Pate 1972, Ben Hur 1959

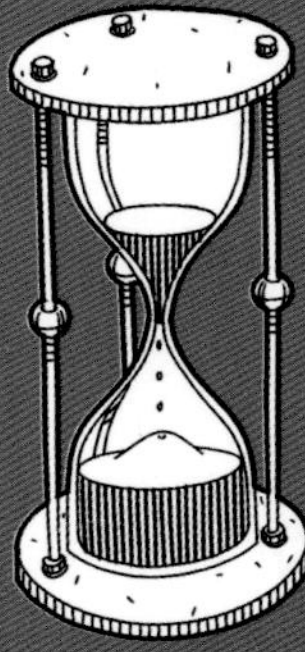

Ordne diese oscarprämierten Spielfilme nach dem Jahr ihrer Veröffentlichung, beginnend mit dem jüngsten:

Ben Hur
Gladiator
Jenseits von Afrika
Der Pate
Das Schweigen der Lämmer
Spotlight

**Hänsel und Gretel (vielfach)
und einmal in Schneewittchen:
„Komm mit mir in meines Vaters
Schloss ...“**

In welchen dieser Märchen kommt das Wort „Vater“ vor?

Rotkäppchen, Schneewittchen, Hänsel und Gretel, Rapunzel, Brüderchen und Schwesterchen

Joe Biden, Donald Trump, Barack Obama, George W. Bush, Bill Clinton, George Bush, Ronald Reagan, Jimmy Carter, Gerald Ford, Richard Nixon, Lyndon B. Johnson, John F. Kennedy, Dwight D. Eisenhower, Harry S. Truman, Franklin D. Roosevelt, Herbert Hoover, John Calvin Coolidge, Warren G. Harding, Woodrow T. Wilson, William H. Taft, Theodore Roosevelt ... (Es folgt das 19. Jahrhundert.)

Wie viele **US-Präsidenten** kennst du in ununterbrochener Reihenfolge?

Geh rückwärts – von der Gegenwart in die Vergangenheit.

Es sind 612 Kilometer, also 612 Millionen Millimeter. Wenn du eine Zahl mit 8 Nullen im Kopf hattest, lagst du richtig.

Die Ameise braucht 6.120 Eimer Wasser.

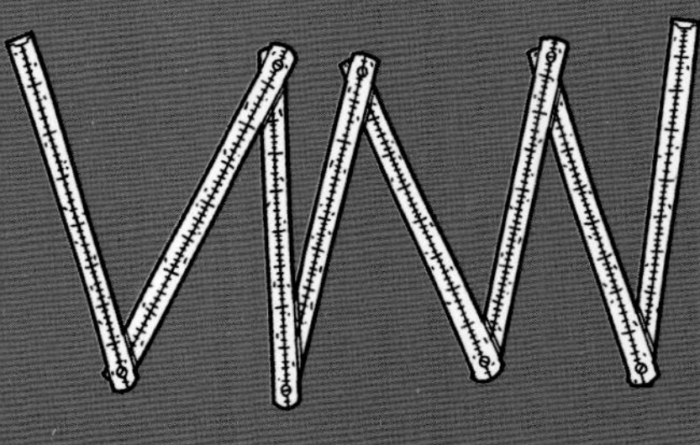

Wie viele Millimeter sind es (Luftlinie, ungefähr) von Hamburg nach München? Richtige Anzahl Nullen genügt.

Zusatzfrage:
Wenn eine Ameise diese Reise macht und pro Zentimeter einen Milliliter Wasser trinkt – wie viele 10-Liter-Eimer verbraucht sie insgesamt?

An einem Donnerstag.

Renate hat in diesem Jahr fünf Tage nach dem Tag Geburtstag, der zwei Tage vor einem Tag liegt, an dem Gründonnerstag zwei Wochen und vier Tage her war.

Wann hat sie Geburtstag?

Wir grillen, die Mamas kochen und wir saufen Schnaps.
(Peter Fox)

Hier geht jeder für jeden durchs Feuer.
(Andreas Bourani)

Wir sind unzertrennlich, irgendwie unsterblich.
(Helene Fischer)

Ergänze diese 3 Zeilen aus Andreas Bouranis „Auf uns!“, aus Peter Fox’ „Haus am See“ und aus Helene Fischers „Atemlos“ und ordne sie dem richtigen Song zu:

Wir grillen …

… jeder für jeden …

… irgendwie unsterblich

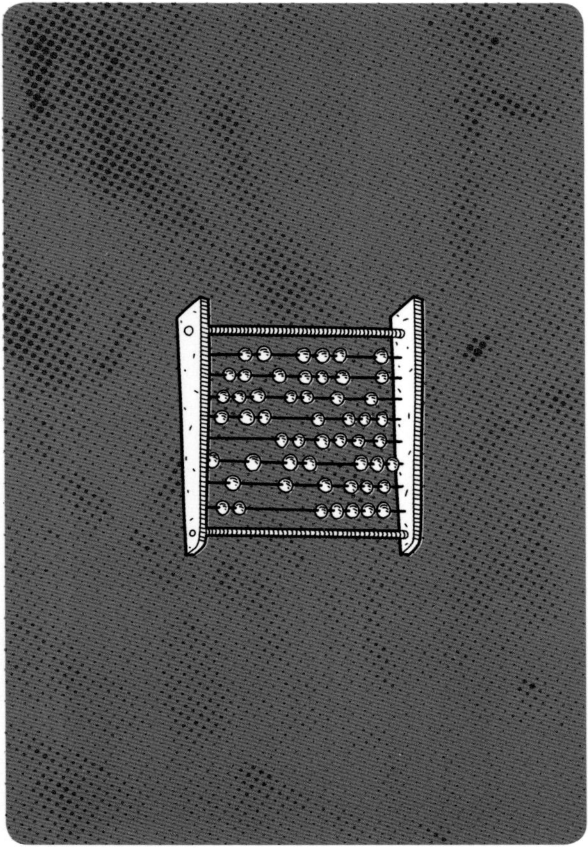

Ein bisschen Kopfrechnen: Die empfohlene maximale Pulsfrequenz ist 220 minus Lebensalter. Trainieren sollte man bei 50 bis 75 % des Maximalpulses.

Wo liegt dein idealer Trainingspuls?

Und der deines ältesten lebenden Verwandten?

29 „E“ enthalten die acht Zeilen der dritten Strophe des Deutschlandlieds.

Und der Satz „Die Würde des Menschen ist unantastbar“ enthält 5 „E“.

Aus dem Gedächtnis:
Wie viele „E“ kommen in der dritten Strophe des Deutschlandlieds, also unserer Nationalhymne, vor?

Und wie viele im ersten Satz von Artikel 1 des Grundgesetzes?

70 + 170 ml

Ein Hobbybäcker hat zwei ungewöhnliche Messbecher mit zusammen 240 ml Volumen. Aus dem vollen großen Becher kann man den kleineren zweimal füllen und es bleiben immer noch 30 ml übrig.

Welcher Messbecher fasst wie viele Milliliter?

Leon – Luisa – Lea – Linus

Familie Lehmann hat vier Kinder. Luisa ist jünger als Leon, aber älter als Linus. Lea ist jünger als Luisa, aber sie ist nicht die Jüngste.

Ordne die Kinder von alt zu jung.

Am ersten Tag braucht er 12 Minuten, am zweiten für den Hinweg 7 Minuten und 35 Sekunden und zurück 5 Minuten und 13 Sekunden, also zusammen 48 Sekunden mehr.

Ein Fahrradkurier fährt zu einem 2 Kilometer entfernten Bürohaus und zurück – beide Wege mit 20 km/h.

Am nächsten Tag hat er auf dem Hinweg Gegenwind und schafft nur 17 km/h – auf dem Rückweg dann 23 km/h.

Braucht er an beiden Tagen gleich lange?

Beispiele: backen, bieten, heben, liegen, lügen

Finde mindestens fünf Verben, deren Vergangenheitsform in der 3. Person Einzahl nur eine Silbe hat und als Vokal das „a“, „o“ oder „u“.

Beispiel: fliegen – sie flog.

Anton ist 12, Sarah ist 6
und Emma ist 3.

In 4 Jahren sind Sarah und Emma
zusammen 17 und Anton ist 16.

Zusammen doppelt so alt wie er
können sie nie werden.

Anton, Sarah und Emma haben alle heute Geburtstag. Keiner ist volljährig. Anton ist jetzt doppelt so alt wie Sarah und viermal so alt wie Emma.

Wie alt sind die drei?

Wann sind Sarah und Emma zusammen älter als Anton allein?

Und wann sind sie doppelt so alt wie er?

Hast du alle Begriffe geschafft?

Hier ein Beispiel für das längste Wort: Für Eine Lächerliche Salamistulle Entert Nepomuk Das Olle Motorboot.

Bilde aus jedem der folgenden Begriffe einen Satz, indem du für jeden Buchstaben des Begriffs ein Wort findest.

Beispiel GARTEN:
Große Aufgaben Rechtfertigen Tägliches Energisches Nachfragen.

EIMER; TRUNK; KARIBIK; POLIZEI; WOHNUNG; FELSENDOM

Jom Kippur: Judentum
Sangha: Buddhismus
Takfir: Islam
Trinitas: Christentum
Veda: Hinduismus

Welcher Begriff gehört zu welcher Weltreligion?

Jom Kippur, Sangha, Takfir, Trinitas, Veda

Das ist ziemlich lange her:
Es war am 28.8.888.

Das Datum 2.2.2000 enthielt keine ungerade Ziffer.

An welchem Datum war das zuvor das letzte Mal so?

Belgien, Dänemark, Frankreich, Luxemburg, Niederlande, Österreich, Polen, Schweiz, Tschechien

Nenne die Nachbarstaaten von Deutschland in alphabetischer Reihenfolge. Möglichst ohne Zwischendurch-Korrektur.

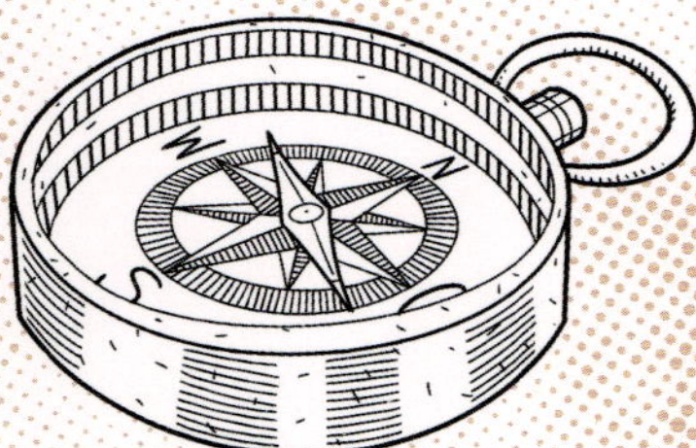

Erfunden sind nur der Nachlaufkäfer, der Schwarze Butler und das Silberauge.

Welche dieser Tierchen gibt es nicht?

24-Stunden-Ameise, Buchdrucker, Gemeiner Totengräber, Getreidehähnchen, Nachlaufkäfer, Puppenräuber, Wollschweber, Schwarzer Butler, Silberauge, Soldatenkäfer, Totenuhr

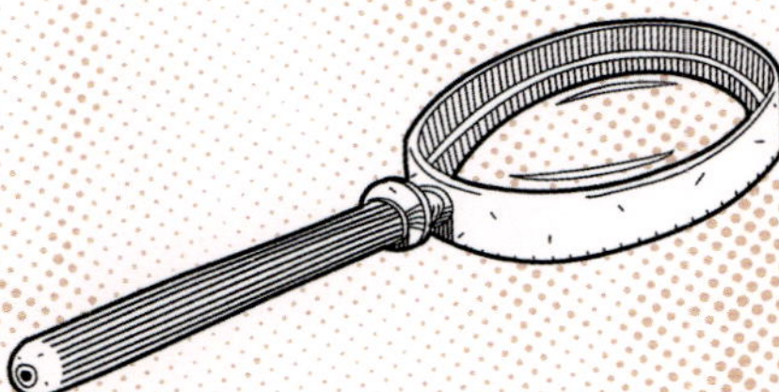

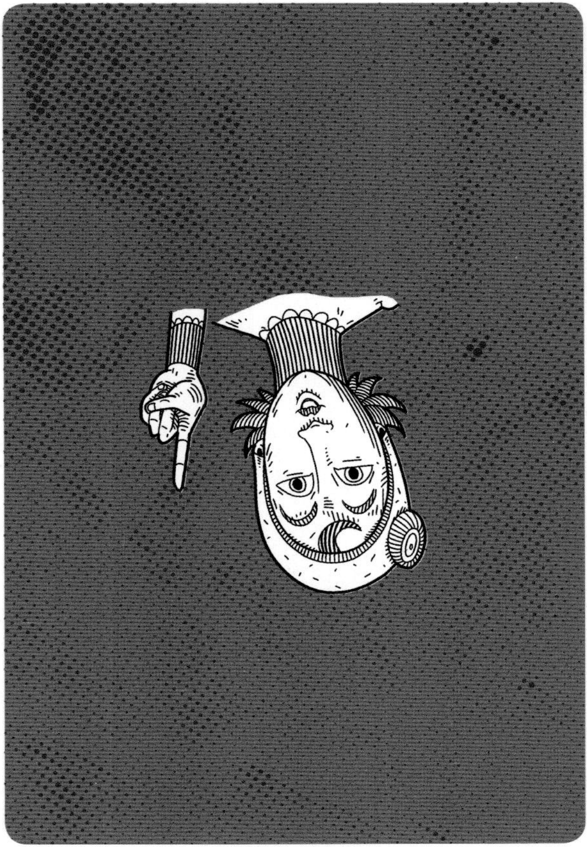

Welcher Wochentag war heute vor 5 Jahren, also am selben Datum?

Wenn zu schwer: Heute vor 7 Monaten.

Für wie viele Buchstaben des Alphabets fällt dir mindestens eine Blume ein?

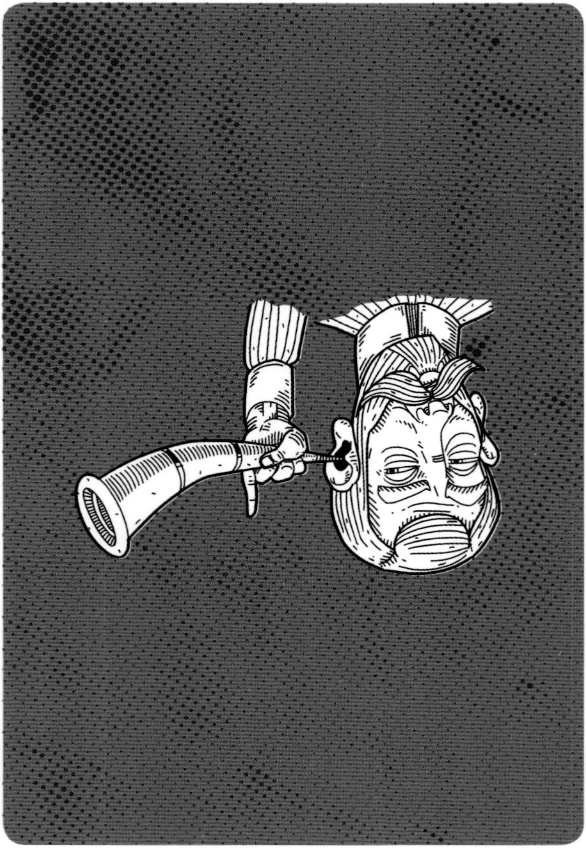

Lies dir die folgenden 10 Begriffe eine Minute lang aufmerksam durch, decke die Karte zu und versuche, sie in der richtigen Reihenfolge wiederzugeben:

Birke, Borke, Boot, Bast, Mast, Butter, Biber, Borte, Werkzeug, Bern

Beispielrechnung für 80 Kilogramm und 1,80 Meter:

Da das Teilen durch eine Dezimalzahl im Kopf schwierig ist, nehmen wir lieber mit dem Kehrwert mal, also mit 1 : 1,8, das sind etwa 0,55.

80 × 0,55 = 44

44 × 0,55 = 24

Kannst du im Kopf deinen BMI ausrechnen? Dafür musst du dein Gewicht in Kilogramm zweimal nacheinander durch deine Körpergröße in Metern teilen. Ist knifflig!

Kleiner Tipp: Der Kehrwert spielt eine Rolle. Und natürlich kannst du auf- und abrunden und mit Circa-Werten arbeiten.

!

Entfernungen (gerundet): Sanssouci, Potsdam (25 km); Zwinger, Dresden (165); Elbphilharmonie, Hamburg (255); Kölner Dom (480); Allianz-Arena, München (500); Rialto-Brücke, Venedig (790); Louvre, Paris (880); Tower of London (930); Winterpalais, St. Petersburg (1.320); Blaue Grotte, Capri (1.330); Alhambra, Granada (2.170); Cheops-Pyramide, Gizeh (2.890); Klagemauer, Jerusalem (2.900); Taj Mahal, Agra (5.950); Macchu Picchu, Peru (11.090).

Ordne diese **Sehenswürdigkeiten** – von nah nach fern, Luftlinie – nach ihrer Entfernung zum Brandenburger Tor:

Alhambra, Allianz-Arena, Blaue Grotte, Cheops-Pyramide, Elbphilharmonie, Klagemauer, Kölner Dom, Louvre, Macchu Picchu, Rialto-Brücke, Sanssouci, Taj Mahal, Tower of London, Winterpalais, Zwinger

Es sind 16:
Baden-Württemberg (Stuttgart), Bayern (München), Berlin, Brandenburg (Potsdam), Bremen, Hamburg, Hessen (Wiesbaden), Mecklenburg-Vorpommern (Schwerin), Niedersachsen (Hannover), Nordrhein-Westfalen (Düsseldorf), Rheinland-Pfalz (Mainz), Saarland (Saarbrücken), Sachsen (Dresden), Sachsen-Anhalt (Magdeburg), Schleswig-Holstein (Kiel), Thüringen (Erfurt)

Wie viele Bundesländer gibt es nochmal?

Bekommst du alle zusammen?

Mit Hauptstädten?

Finde drei Wörter mit je sechs Buchstaben, aus denen du ein Anagramm bilden kannst, also ein anderes Wort mit genau denselben Buchstaben.

(Beispiel: Tasche – sachte)

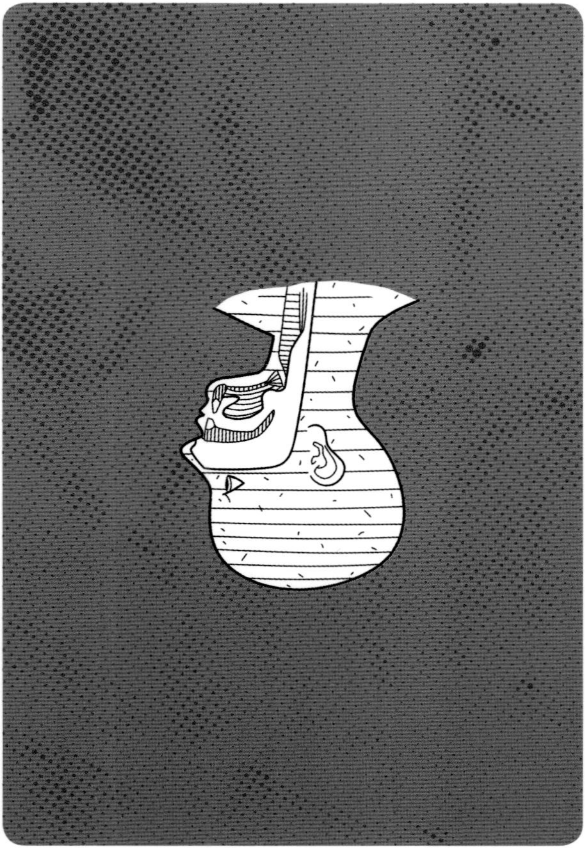

Wenn du allein oder mit erwachsenen Freunden zusammen bist, sprich dreimal nacheinander diesen Zungenbrecher:

Dicke Finken picken heftig im dichten Fichtendickicht. Im dichten Fichtendickicht picken dicke Finken heftig.

Zusatzaufgabe:
Mach dasselbe für die 2. Liga – und wenn du richtig gut bist: auch für die 3. Liga.

Für Fußballfans:

Kriegst du alle 18 aktuellen Bundesligisten zusammen? Wie viele davon kommen aus Nordrhein-Westfalen?

Falsch sind:
in betto (petto)
auf Einhieb (Anhieb)
die Hücke voll (Hucke)
Schrott und Korn (Schrot)
Stehgriff (Stegreif)
verfritzen (verfranzen)

Welche Wörter stammen so nicht aus Redensarten?

In betto, Bresche, auf Einhieb, die Hücke voll, Obolus, Paroli, Pike, Schrott und Korn, Stehgriff, verfritzen

Der Duden kennt nur 3:
Senf, Hanf, fünf.

Dazu kommen aus der Schweiz
Genf und der Fluss Sernf.

Nenne möglichst viele Wörter der deutschen Sprache, die auf -nf enden.

Fallen dir auch geografische Begriffe ein?

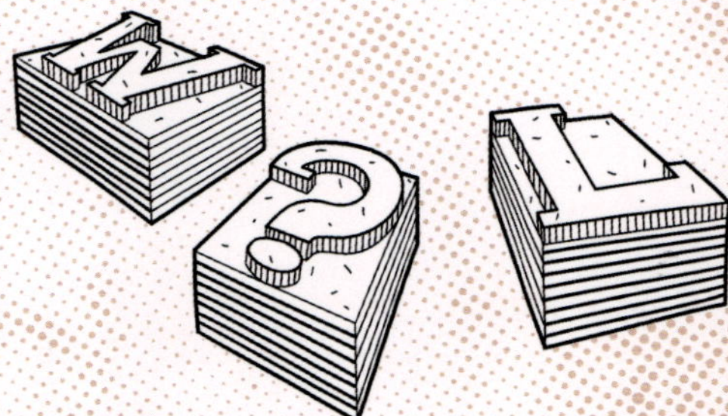

Abc

Ein schnelles Stadt-Land-Fluss-Pflanze-Tier-Beruf mit dem dritten Buchstaben deines Vornamens!

Je drei Begriffe. Und los!

Es waren nur drei Frauen:
Oma, Mutter und Tochter.

Zwei Mütter und zwei Töchter kaufen zusammen ein. Jede bezahlt in bar eine Bluse für 60 Euro. Danach sind 180 Euro mehr in der Kasse. Warum nicht 240 Euro?

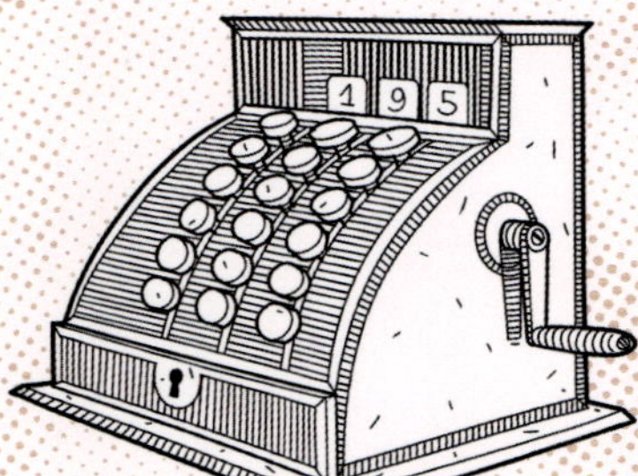

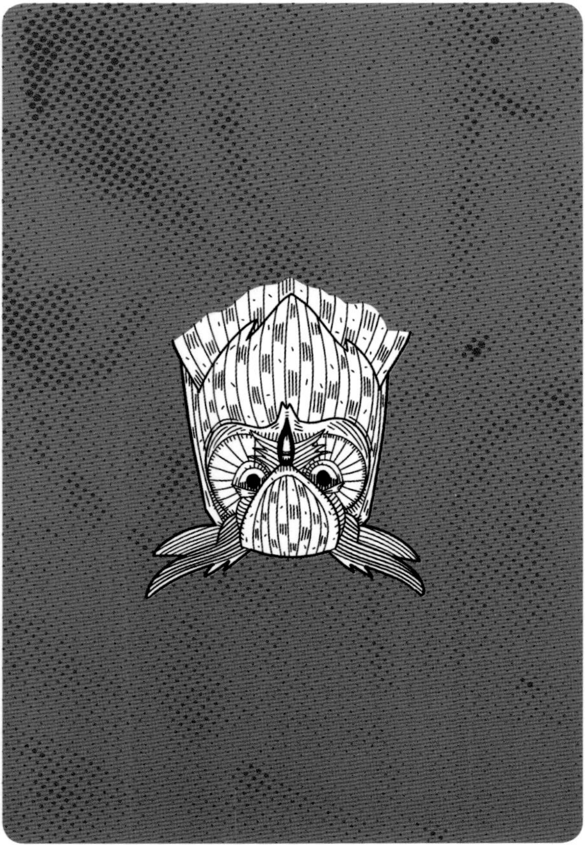

Kennst du für jeden Buchstaben des Alphabets ein Tier?

Spitzenreiter ist:
Zacken, Zecken, Zicken, zocken, zucken, zücken

5er:
Backen, backen, Becken, bocken, bücken

Woraus kann man durch Austauschen nur eines Vokals möglichst viele sinnvolle Wörter bilden?

Beispiel: Harn, Hirn, Horn

Sei großzügig:
Es zählen auch Namen, konjugierte Verben (Kamm – komm) und phonetischer Gleichklang (Schirm – Charme).

Es wird immer abwechselnd mit 3 malgenommen und 2 subtrahiert.

Lösung also:
84 – 82 – 246 – 244 ...

Finde die nächsten Zahlen in dieser Reihe:

4 – 12 – 10 – 30 – 28 – ?

28 Beine:
Axolotl (Lurch, 4),
Bartagame (Reptil, 4),
Stirnlappen-Basilisk (Leguan, 4),
Weiße Baumnymphe
(Schmetterling, 6),
Binturong (Raubtier, 4),
Seehase (Fisch, 0),
Siebenschläfer (Nager, 4),
Neuntöter (Vogel, 2)

Wenn je 1 Exemplar dieser Tiere da ist: Wie viele Beine haben sie zusammen?

Axolotl, Bartagame, Stirnlappen-Basilisk, Weiße Baumnymphe, Binturong, Seehase, Siebenschläfer, Neuntöter

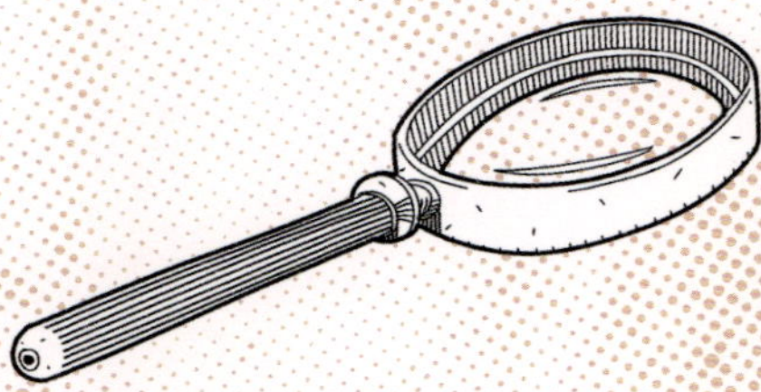

**1.096 Tage
(inkl. 1 Schalttag 2012)**

26.293 Stunden

Ca. 1,58 Mio. Minuten

Ca. 95 Mio. Sekunden

Der kleine David ist am 6.5.2011 um 11:00 Uhr geboren.

Wie viele Tage, Stunden, Minuten (ca.), Sekunden (ca.) war er an seinem dritten Geburtstag um 0:00 Uhr auf der Welt?

IMPRESSUM

ISBN 978-3-96455-156-6

moses. Verlag GmbH
Arnoldstraße 13d
D-47906 Kempen

Text: Oliver Domzalski
Design: Weiß-Freiburg –
Grafik und Buchgestaltung
Illustrationen: Florian Scheuerer
Lektorat: Karin Bischoff
Redaktion: Lukas Mai

Klimaneutral
Druckprodukt
ClimatePartner.com/14161-2001-1001

moses.